# Primera Biblioteca Infantil de Aprendizaje

# Arboles y Flores

# Contenido

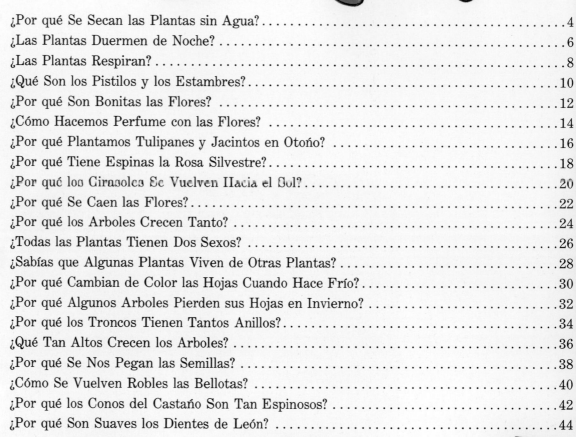

# ¿Por qué Se Secan las Plantas Sin Agua?

**RESPUESTA** Las personas necesitan comida y agua para ser fuertes y sanas; las plantas también. Las plantas verdes usan agua para hacer su propio alimento. Si no tienen suficiente agua, se marchitan y se secan.

Si la riegas...

▲ Una planta marchita

◀ La planta se pondrá mucho mejor

# ¿Cómo Absorben el Agua las Flores y los Arboles?

Las flores y los árboles absorben agua a través de sus raíces. Cada raíz gruesa tiene muchas raíces delgadas para sacar el agua.

Mira cuántas raíces tiene una sola planta de girasol.

**INTENTALO**

Nunca hay que regar sólo las flores y las hojas porque así pronto se marchita la planta. Como las plantas y los árboles absorben el agua por las raíces, debes regar la tierra. Las raíces suben el agua de la tierra hacia la planta y así es como crece fuerte y bella.

# ¿Las Plantas Duermen de Noche?

**RESPUESTA** Algunas plantas se cierran de noche, pero esto no significa que la planta esté dormida. Si les das luz y calor, igual que si brillara el sol, estas plantas se abrirán como lo hacen durante el día.

■ Día

■ Noche

# ❓ ¿Las Plantas Respiran?

Sí. Las hojas y los tallos de las plantas tienen hoyitos demasiados pequeños para distinguirse a simple vista. Se llaman estomas. Las flores y los árboles respiran hacia adentro y hacia afuera por estos hoyitos. Respiran diferente en la noche que en el día, como puedes verlo en los dibujos de abajo.

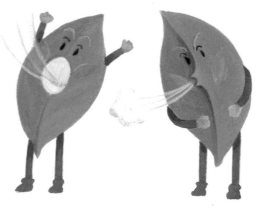

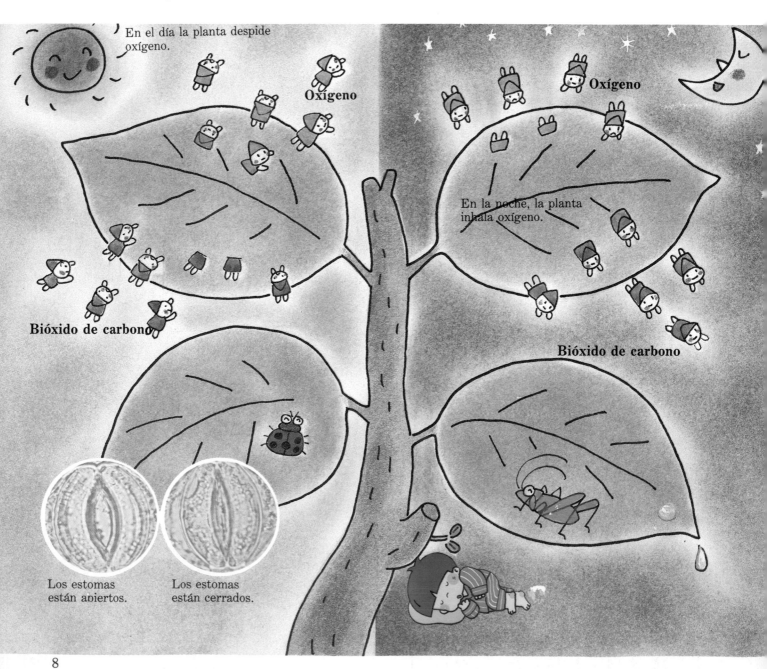

En el día la planta despide oxígeno.

Oxígeno

Oxígeno

En la noche, la planta inhala oxígeno.

Bióxido de carbono

Bióxido de carbono

Los estomas están abiertos.

Los estomas están cerrados.

▲ **El tronco de un cedro grande.** Inhala y exhala a través de las muchas grietas que hay en su corteza.

# El oxígeno que respiramos lo hacen las plantas

Respiramos aire para obtener el oxígeno que necesitamos, pues sin oxígeno no podríamos vivir. Las plantas verdes hacen oxígeno. Si todas las flores y los árboles se secaran y murieran, ya no habría oxígeno para que respiráramos. Es por eso que las flores y los árboles son tan importantes para las personas y los animales.

● **A los Padres**

Todos los seres vivos, incluyendo a las plantas, respiran. Durante el día, las plantas aspiran bióxido de carbono. La combinación de este gas, junto con el agua y la energía de la luz del sol, hacen que las plantas fabriquen sus propios nutrientes por un proceso llamado fotosíntesis. El oxígeno es liberado como resultado de este proceso. En la noche, las plantas aspiran oxígeno y liberan bióxido de carbono, como las personas. Estos gases no sólo pasan a través de los estomas que se encuentran en las hojas, sino a través de poros que hay en las ramas y en los troncos.

# ❓ ¿Qué Son los Pistilos y los Estambres?

**(RESPUESTA)** Los pistilos y los estambres son partes muy importantes de la flor. Muchas flores tienen un pistilo en el centro y varios estambres alrededor. El pistilo tiene una punta pegajosa. La parte superior de los estambres está cubierta con un polvo llamado polen. Cuando parte de este polvo toca la parte pegajosa del pistilo, la planta puede dar fruto. Adentro del fruto hay semillas con las que crecen nuevas plantas.

Pistilo

Estambre

Las flores del cerezo tienen muchos estambres. El polen de los estambres es llevado al pistilo por el viento y por insectos.

Las flores se caen...

● A los Padres

La mayoría de las flores tienen un solo pistilo en su centro. Este es el órgano femenino de la flor. Está rodeado de estambres, que son el órgano masculino. Los estambres contienen polen, que es el fertilizador. La función de estas dos partes es producir semillas. Cuando el polen se pega al pistilo, viaja hasta llegar al embrión que está dentro del ovario en la base del pistilo. Esto finalmente se convierte en la semilla de la fruta.

# Flores Macho y Hembra

La mayoría de las flores tienen un pistilo y estambres. Pero algunas plantas tienen dos tipos de flores: una hembra que sólo tiene pistilo y una macho con sólo estambres.

▲ Esta flor hembra sólo tiene un pistilo.

▲ Esta flor macho sólo tiene estambres.

Las cerezas crecen.

11

# ¿Por qué Son Bonitas las Flores?

Muchas flores necesitan a los insectos para que las ayuden a producir semillas. Por eso, para atraerlos, las flores son tan bonitas, tienen colores brillantes y un líquido de olor dulce, llamado néctar. Cuando los insectos vienen a beber néctar, sus cuerpos se cubren de polen y, cuando parte de este polen cae en el pistilo, la flor puede producir semillas.

## ■ Como ven los insectos los colores

Los insectos ven las flores en forma muy distinta a las personas porque sus ojos son muy diferentes.

△ Visto por una persona

△ Visto por una abeja

● **A los Padres**

El polen es llevado al pistilo de la flor ya sea por el viento o por insectos. Las plantas fertilizadas por el viento, como arroz, trigo y pinos, tienen flores inconspicuas en general. Pero las plantas fertilizadas por insectos son generalmente de colores vivos y están llenas de néctar para atraerlos. Pero los insectos las ven de manera muy distinta a los hombres. Las abejas son muy sensibles a la luz ultravioleta, como lo indica la foto.

# ¿Cómo Hacemos Perfume con las Flores?

**RESPUESTA** No sólo a los insectos les gusta el dulce aroma de las flores, a las personas también. Por eso fabricamos perfumes. Primero, se recogen las flores y se les quita el aceite que contienen. Luego se mezcla este aceite con otras fragancias para hacer perfume.

El perfume está hecho con el aceite aromático de las flor.

# ■ Cosas que hacemos de los árboles

Papel

Canela

Carbón

Hule

# ¿Por qué Plantamos Tulipanes y Jacintos en Otoño?

**RESPUESTA** Porque si los bulbos no pasan el invierno en la tierra, no dan flores bonitas en la primavera. Los bulbos de los tulipanes y jacintos aguantan climas muy fríos. Inclusive les crecen raíces y brotes durante el invierno. Luego, tan pronto hace calor, florecen. Si siembras tulipanes y jacintos en primavera, no crecerán muy bien. Estas plantas crecen mejor en lugares donde el clima cambia con las estaciones.

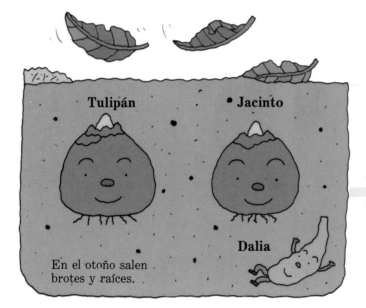

Tulipán · Jacinto

Dalia

En el otoño salen brotes y raíces.

Crecen durante el invierno.

## ■ Bulbos que crecen en invierno

Plántalos en el otoño y florecerán en la primavera.

Estos bulbos se plantaron en otoño.

Azafrán

Anémona

Narciso

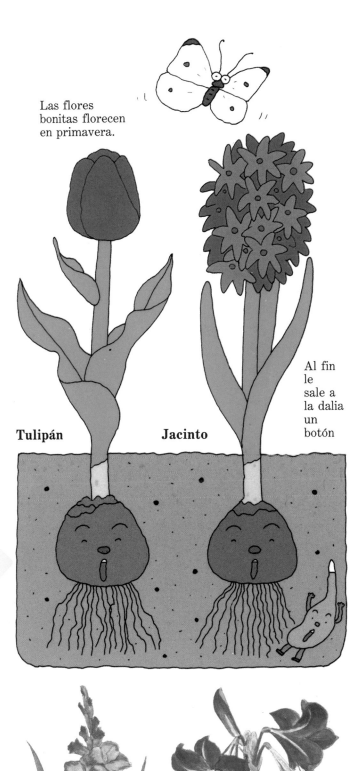

Las flores bonitas florecen en primavera.

Cuando hace calor crecen y crecen.

Al fin le sale a la dalia un botón

**Tulipán**

**Jacinto**

## ■ Bulbos que florecen en verano

A estos bulbos no les salen brotes ni raíces durante el invierno. Se plantan en la primavera y sólo florecen en verano.

**Dalia**

**Gladiola**

**Amarilis**

17

# ¿Por qué Tiene Espinas la Rosa Silvestre?

**RESPUESTA** Las espinas de las rosas protegen sus hojas, flores y botones para que no se los coman los animales silvestres y pájaros. Las espinas son muy filosas y duele si las tocas. Hay muchas otras plantas que tienen espinas para protegerse de sus enemigos.

# Otras Plantas con Espinas

▲ **Cardo.** Tiene espinas alrededor de las flores.

▲ **Naranjo.** Las ramas del árbol tienen espinas.

▲ **Cacto.** Las espinas crecen de las hojas.

● **A los Padres**

Las plantas tienen muchos tipos de espinas. Algunas de ellas se encuentran en la superficie, como es el caso de la zarza y el árbol angélica. En otras, las espinas están en las ramas, como en el árbol de naranjo trifoliado (arriba) y en algunas, crecen de las hojas, como el cacto. Hay espinas que contienen veneno. Todas, sin embargo, son para defensa propia.

# ❓ ¿Por qué los Girasoles Se Vuelven Hacia el Sol?

Mañana

**RESPUESTA** Cuando el girasol es pequeño y está creciendo aprisa, mira hacia el sol mientras crece. Esto se debe a que la parte del tallo del girasol que no da al sol, crece más aprisa que la parte que mira al sol.

## ■ Cómo crece el tallo del girasol

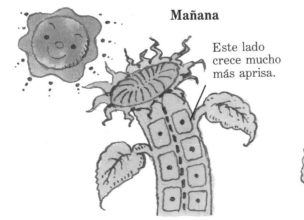

Mañana

Este lado crece mucho más aprisa.

Mediodía

Ambos lados crecen a la misma velocidad.

Tarde

Este lado crece más aprisa.

Tarde

▲ Por la mañana, los pequeños girasoles miran hacia el este. Durante el día siguen al sol. En la tarde se vuelven hacia el oeste.

## ■ Un girasol ya crecido

Los girasoles adultos ya no miran al sol.

● **A los Padres**

Los tallos de las plantas tienden a crecer en dirección de la luz. Esto se debe a que la parte del tallo que está en la sombra crece más aprisa que el lado al que le da la luz. Cuando el girasol es aún pequeño, su tallo crece rápidamente de la mañana hasta la noche. Durante este tiempo, el tallo se voltea con el movimiento del sol de tal manera, que parece que sigue al sol. Este movimiento permite que las hojas reciban la luz del sol del modo más eficiente. Sin embargo, cuando el girasol deja de crecer, ya no se voltea con el sol.

# ❓ ¿Por qué Se Caen las Flores?

**RESPUESTA** Las flores caen para dar lugar al fruto. El pistilo se hincha después de que atrapa algunos granos de polen. Una vez que se caen las flores, el fruto, que está lleno de semillas, empieza a crecer desde el pistilo. Las semillas caen a la tierra y comienzan a crecer nuevas plantas. Más tarde, estas plantas tendrán sus propias flores.

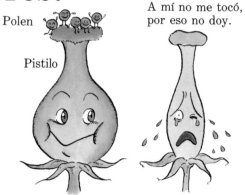

Polen

Pistilo

Tuve polen y puedo dar fruta.

A mí no me tocó, por eso no doy.

▲ **Pensamiento**

▲ **Berenjena**

Semillas maduras dentro de las vainas abiertas.

Las semillas están dentro de la fruta.

Las flores con
muchos pétalos
no tienen
pistilos ni
estambres, y
no pueden
dar fruta.

▲ **Peonía doble**

● **A los Padres**

Una vez que florecen, las flores que tenían
polen depositado en sus pistilos, desarrollan
fruta y producen muchas semillas. Estas
semillas caen a la tierra, germinan y crecen.
Las plantas florecen para reproducirse.
Si no son polinizadas o son de la variedad
de pétalos múltiples, no se reproducen.

Si los tulipanes dan
fruta, sus bulbos no
crecerán mucho. Por eso
los tulipanes se
cortan cuando casi han
terminado de florecer.

▲ **Girasol**

▲ **Tulipán**

Tiene muchas, muchas semillas.

Crece de un bulbo.

# ¿Por qué los Arboles Crecen Tanto?

**RESPUESTA** Las flores y los árboles crecen durante
la primavera y el verano. En el otoño y
el invierno, las flores se secan, pero
los árboles siguen creciendo lentamente.
Los árboles viven más que la gente. Pero
a diferencia de las personas que dejan
de crecer cuando son adultas, los
árboles crecen durante toda su vida.
Por eso son tan grandes.

Los árboles generalmente viven más que la gente.

**Verano**

Los árboles y las flores crecen aprisa.

**Otoño**

Las flores se secan y las hojas de los árboles se caen.

24

Los árboles siguen creciendo durante toda su vida.

● **A los Padres**

Los árboles crecen al mismo tiempo hacia arriba y hacia abajo, en la tierra. Algunas secoyas en los Estados Unidos miden más de 100 metros y 10 metros de diámetro. Aunque las secoyas originalmente brotaron de una sola semilla, gradualmente crecieron durante miles de años, hasta este tamaño gigantesco.

**Primavera**

**Invierno**

Las flores se secan y dejan sólo un bulbo o semilla. Pero los árboles permanecen a lo largo del invierno.

Las flores brotan y los árboles retoñan y crecen de nuevo. Los árboles crecen más fuertes y más altos.

# ❓ ¿Todas las Plantas Tienen Dos Sexos?

**RESPUESTA** La mayoría de las plantas tiene dos sexos, pero algunas no. El árbol gingco es un buen ejemplo de este último caso. El gingco masculino sólo tiene estambres cubiertos de polen; el femenino, pistilos. Cuando el polen del árbol masculino llega al pistilo del femenino, éste empieza a producir nueces gingco.

**Un gingco femenino**

## ■ Plantas que son masculinas o femeninas

Las plantas que dan fruto son siempre femeninas.

△ Las flores de los helechos femeninos tienen pistilos y dan fruta.

△ Las flores de los helechos masculinos tienen estambres pero no tienen pistilos.

△ Flores femeninas del sauce común, con pistilos.

△ Flores masculinas del sauce común con estambres.

▲ Arbol femenino
con pistilos

▲ Arbol masculino
con estambres

**Gingco masculino**

▲ Flores femeninas del
laurel, con pistilos
para dar fruta.

▲ Flores masculinas
del laurel sólo
con estambres.

### ● A los Padres

En casi todos los animales, los sexos están separados, pero
la mayoría de las plantas son hermafroditas, es decir, masculinas
y femeninas. Entre las plantas es fácil distinguir a las masculinas
de las femeninas, pues están separadas. Incluyen al gingco,
cáñamo, laurel, helecho y morera. El gingco femenino produce
las nueces, pero esto requiere que el polen de las flores del
árbol masculino sea depositado en los pistilos de las flores
del árbol femenino. De otra manera no producirá nueces.

# ¿Sabías que Algunas Plantas Viven de Otras Plantas?

**(RESPUESTA)** El muérdago, por ejemplo, mete sus raíces dentro de otros árboles. Crece sacando agua y comida del árbol al que se ha unido. También hace su propia comida, pero nunca en cantidad suficiente. Por eso, si muere el árbol al que se unió el muérdago, también este último morirá. En muchas partes del mundo se utiliza el muérdago como decoración navideña.

▲ Un muérdago creciendo en un roble.

Si cortas un árbol al que se ha unido un muérdago, verás raíces en forma de cuñas que le crecen adentro.

### • A los Padres

Las plantas que se unen a otras plantas o árboles y sacan nutrientes de ellos se llaman parásitas. Entre estas hay algunas, como el muérdago, que tienen hojas verdes y producen algunos nutrientes y otros, como el roble prinoides, la orobanca y la cúscuta que no fabrican nada. Todos se secan cuando se seca la planta hospedante. La cúscuta manda muchos zarcillos en búsqueda de nuevos anfitriones. Puede dañar gravemente a otras plantas.

# Más Plantas que Viven de Otras Plantas

▲ **Una plaga en la raíz.** Crece tomando agua y alimento de las raíces del anfitrión.

▲ **Orobanca.** Saca su agua y su comida de las raíces de la eulalia.

▲ **Cúscuta.** Crece enredándose alrededor de muchos tipos de plantas y saca de allí su alimento.

# ❓ ¿Por qué Cambian de Color las Hojas Cuando Hace Frío?

**RESPUESTA** Las hojas contienen una gran cantidad de material verde llamado clorofila. También contienen un material amarillo llamado caroteno, que es el que le da su color a las zanahorias. Cuando el clima se enfría, la clorofila se rompe y así podemos ver lo amarillo. Además cuando hace frío, el alimento en las hojas se pone rojo. Esto hace que las hojas se pongan rojas también. Los árboles siguen siendo verdes si la clorofila de sus hojas no se rompe, aun en climas muy fríos. Por esta razón se llaman árboles siempreverdes.

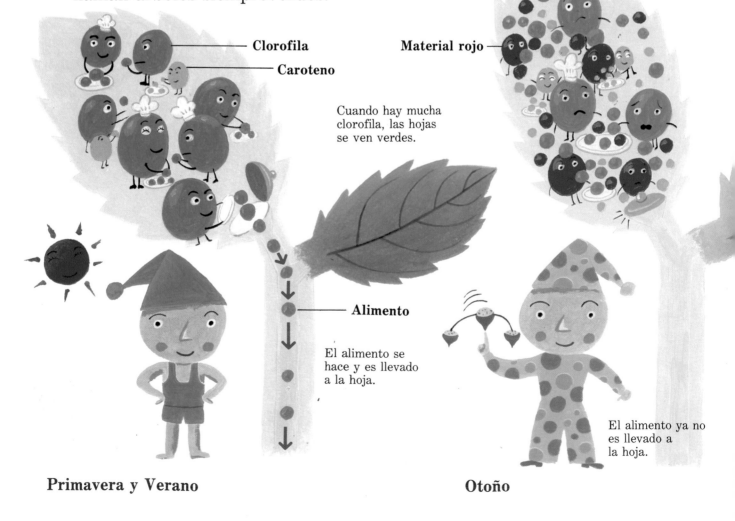

—— Clorofila

—— Caroteno

Cuando hay mucha clorofila, las hojas se ven verdes.

**Material rojo** ——

Las hojas verdes se ponen amarillas y se caen en otoño.

—— **Alimento**

El alimento se hace y es llevado a la hoja.

El alimento ya no es llevado a la hoja.

**Primavera y Verano**

**Otoño**

# Hojas que se ponen rojas o amarillas cuando hace frío

▲ **Arce.** Las hojas hacen un material rojo y el caroteno también, por eso se ponen rojas.

▲ **Gingco.** Sus hojas sólo tienen caroteno cuando la clorofila se va, por eso se ponen amarillas.

El alimento sobrante se vuelve rojo, y las hojas se ponen rojas.

Después de un tiempo, las hojas que cambian de color se caen. Estas hojas se pudren y fertilizan la tierra.

**Invierno**

● **A los Padres**

Las hojas son verdes porque contienen una gran cantidad de clorofila. También contienen una substancia amarilla y anaranjada llamada caroteno. En climas fríos, la clorofila se descompone en otoño, y el caroteno hace que las hojas se tornen amarillas o anaranjadas. Además, los nutrientes o antocianinas en las hojas se ponen rojos por la luz ultravioleta. Las distintas cantidades de estas substancias crean la variedad de colores de otoño. Estos cambios no son comunes en climas tropicales.

# ¿Por qué a Algunos Arboles Se les Caen las Hojas en Invierno?

**RESPUESTA** Durante el invierno, en los países del norte hay menos horas de luz al día que en la primavera o en el verano. También hace más frío. Debido a esto, las raíces y las hojas de algunos tipos de árboles descansan. Los árboles lo hacen dejando caer sus hojas hasta que vuelva la primavera.

▲ **Un cerezo en invierno**

# ■ Preparándose para la llegada de la primavera

Aunque sus hojas se caen, el árbol no descansa completamente. Está ocupado, creando los retoños que se convertirán en hojas y flores nuevas en la primavera.

Un retoño de hoja con la hojita que nace.

▲ **Retoños de cerezo en el invierno**

Estambres
Pistilo

**Retoño de una flor**

Los inicios del pistilo y los estambres están en el retoño, como puedes ver aquí.

# ■ Algunos árboles conservan sus hojas en invierno

Hay árboles que resisten el frío mejor que otros. A los pinos, por ejemplo, no les molesta el frío y no pierden sus hojas, ni aun en invierno. Cuando viene la primavera y les salen las hojas nuevas, las viejas se caen. A estos árboles los llamamos siempreverdes.

▲ **Cedros.** Conservan sus hojas en invierno.

Primavera

Invierno

## ■ Arboles que florecen en invierno

Camelia                    Sasanqua

● A los Padres

Los árboles como el cerezo y el gingco, que pierden sus hojas en el invierno se llaman árboles caducifolios, mientras que los que conservan sus hojas, como el pino, aun en invierno, se llaman siempreverdes. La actividad del árbol disminuye al acercarse el invierno por dos razones: hay menos horas de luz, y las temperaturas son más bajas. Así como las ranas y las serpientes invernan durante la estación fría, las plantas también reducen la cantidad de energía que consumen.

# ? ¿Por qué los Troncos Tienen Tantos Anillos?

**RESPUESTA** Como las flores y los pastos, los árboles no mueren en invierno. Siguen creciendo. Si miras el tronco de un árbol cortado, verás muchos anillos. Los más claros son cuando el árbol creció aprisa en el calor de la primavera y el verano. Los más oscuros son de cuando creció más despacio durante el frío del otoño. Los árboles que han vivido mucho tiempo tienen muchos anillos.

▲ Se forma un anillo cada año, así que si cuentas los anillos del tronco puedes saber la edad que tenía el árbol cuando fue cortado.

**Primavera y Verano**

El árbol crece aprisa formando anillos claros.

**Otoño**

Crece lentamente y forma anillos oscuros.

▲ El invierno es para dormir.

**Al siguiente otoño**

Crece un poco más y añade un anillo oscuro.

**La siguiente primavera y el verano**

Ahora crece muy aprisa y añade otro anillo claro.

Hemos vivido durante miles de años.

**El ser viviente más viejo del mundo**

Algunos árboles han vivido durante miles de años. Se cree que los pinos erizo son los árboles más viejos del mundo; algunos tienen casi 5000 años.

● **A los Padres**

Debajo de la corteza del árbol se encuentra una capa de cámbium, donde crecen nuevas células del tejido que se añaden al tronco. Los anillos crecen año tras año. Contándolos, se puede determinar la edad del árbol. La mayoría de los especialistas cree que los pinos del oeste de los Estados Unidos son los seres vivientes más viejos que existen. Otros árboles muy ancianos son el cedro Jomon, de la isla japonesa Yakushima, y el ciprés Moctezuma de Oaxaca, México.

# ¿Qué Tan Altos Crecen los Arboles?

**RESPUESTA** Hay árboles de muchos tamaños. Los más grandes son los secoyas gigantes rojos, que crecen en el norte de California. Algunos miden 117 metros.

Es tan alto como un edificio de catorce pisos. ¡Sí que creció!

# ■ Otros árboles interesantes

¡Soy el campeón! Tengo las semillas más grandes.

La palmera coco-de-mer tiene la semilla más grande del mundo.

El baniano tropical tiene la mayor cantidad de troncos.

El cedro Jomón es uno de los árboles más anchos.

Los árboles miniatura son los más pequeños del mundo.

## ● A los Padres

El secoya gigante rojo, que se encuentra a lo largo de la costa de los Estados Unidos, es el árbol más alto del mundo y la secoya el más ancho. En el extremo opuesto, se hallan los árboles miniatura, los más pequeños que existen. Crecen en forma natural en el despiadado clima del Artico. Una semilla de la palmera coco-de-mer puede pesar hasta 22 kilos. Los múltiples troncos del baniano son, en realidad, gruesas raíces aéreas que han crecido de las ramas del árbol y caído para enraizarse en el suelo. El tronco de un cedro Jomon mide 43 metros de circunferencia a ras del suelo.

# ¿Por qué Se Nos Pegan las Semillas?

RESPUESTA Las semillas tienen que viajar a otros lugares para extenderse y crecer. Pero como no pueden viajar solas, se pegan a la ropa de la gente y al pelo de los animales. Así son llevadas de su planta madre a donde pueden crecer y fabricar sus propias semillas.

## ■ Semillas pegajosas

### Estas se pegan con espinas

◀ Esta sólo tiene dos agujas, pero se pega como si tuviera veinte.

◀ No puedes ver las agujas, pero las sientes cuando se te pegan.

◄ **Ajonjera.** Tiene muchas espinas para pegarse.

## Y estas sólo son pegajosas

◄ Los ocho nódulos significan que son ocho veces más pegajosas.

◄ Es bonita, sí, pero también es pegajosa.

# ❓ ¿Cómo Se Vuelven Robles las Bellotas?

**RESPUESTA** Los robles dejan caer muchas bellotas en otoño. Casi todas se pudren o son comidas por ratones. Pero a algunas les crece una raíz en el invierno y, cuando viene la primavera les sale una hoja. Crecen con el calor y el sol.

**Invierno**

Crece una raíz

Raíz o brote saliendo de la punta de una bellota.

Una bellota tarda aproximadamente diez años en convertirse en un árbol robusto.

## Primavera

Las hojas crecen.

▲ Con el tiempo el brote se convierte en hoja.

▲ Luego le salen más hojas y se vuelve arbolito.

# ¿Por qué los Conos del Castaño Son Tan Espinosos?

**RESPUESTA** La castaña es la semilla del castaño. Esta semilla es muy importante para que crezca un árbol nuevo. Para protegerla de ser comida por animales o insectos, el castaño tiene espinas filosas en sus conos. Cuando la semilla está lista para crecer, el cono se abre y la semilla sale.

# ¿Cómo Se Protegen las Semillas del Arbol?

Las semillas de muchos árboles crecen dentro de su fruta. Si esta semillas aún no han crecido, la fruta es demasiado agria para comerse. Sabe amarga y a los animales y a la gente no les gusta. Cuando las semillas están listas, la fruta ya es dulce.

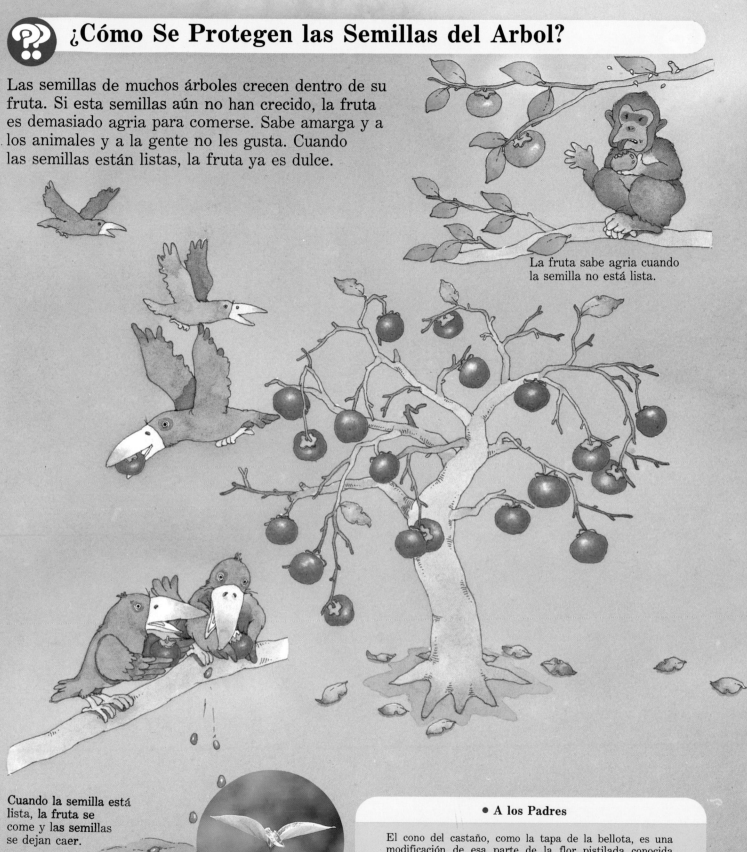

La fruta sabe agria cuando la semilla no está lista.

Cuando la semilla está lista, la fruta se come y las semillas se dejan caer.

Un nuevo retoño

● A los Padres

El cono del castaño, como la tapa de la bellota, es una modificación de esa parte de la flor pistilada conocida como vaina protectora. Las espinas del cono son un mecanismo de defensa. Las semillas del níspero o del manzano están rodeadas de fruta que no se puede comer, hasta que la semilla esté lista para reproducirse.

# ¿Por qué Hay Algunos Plátanos Sin Semillas?

**RESPUESTA** En alguna época los plátanos sí tuvieron semillas. Pero así era difícil comerlos. Entonces, las personas que plantaban los plátanos que nos gusta comer, encontraron la manera de cultivarlos y obtenerlos sin semillas grandes.

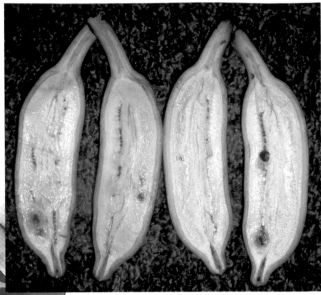

▲ Los plátanos se cortan verdes, pero son de un brillante color amarillo cuando están listos para comerse.

Por lo general, los plátanos que comemos han sido cultivados sin semilla.

Si los plátanos tuvieran semillas grandes, sería difícil comerlos.

# ¿Cómo Nacen Más Plátanos Si No Hay Semillas?

Los nuevos retoños crecen de las raíces del árbol del plátano. Si arrancas estos retoños y los plantas, crecen árboles nuevos, con frutas sin semilla.
Los plátanos sólo crecen en países cálidos, con clima tropical.

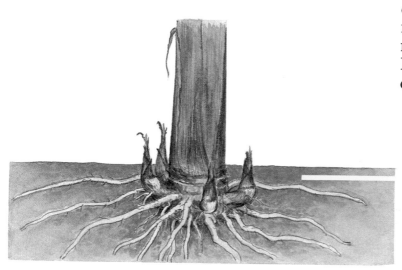

Los retoños se arrancan y se plantan.

## Otras frutas sabrosas sin semilla

Todas estas frutas generalmente tienen semillas. Pero los científicos han encontrado maneras para que también crezcan sin semillas.

▲ **Uva**

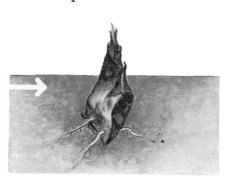

▲ **Sandía**

▲ **Níspero**

● **A los Padres**

Casi todos los plátanos que comen las personas, sólo tienen semillitas fáciles de tragar o no tienen semillas. Pero hay muchas variedades de plátanos silvestres que crecen en el sureste de Asia y otros lugares cálidos, que tienen grandes semillas que generan nuevas plantas. La variedad sin semilla se cultiva con retoños (como se ve arriba). Las uvas sin semilla se producen mojando sus flores en un producto químico. De la misma manera, a las sandias se les quita la semilla por medio de un procedimiento químico.

# ¿Cómo Puede Dar Fruto una Higuera Si No Tiene Flores?

**RESPUESTA** Ah, pero las higueras *sí* tienen flores. No las podemos ver porque florecen dentro de los higos. Las flores que están dentro de los higos tienen pistilos y estambres como las demás flores y también hacen semillas. De hecho, cuando te comes un higo y sientes algo arenoso en la boca, te estás comiendo las semillas. Las higueras viven más que los demás árboles frutales, a veces hasta 2,000 años. Las higueras generalmente dan dos cosechas de higos al año.

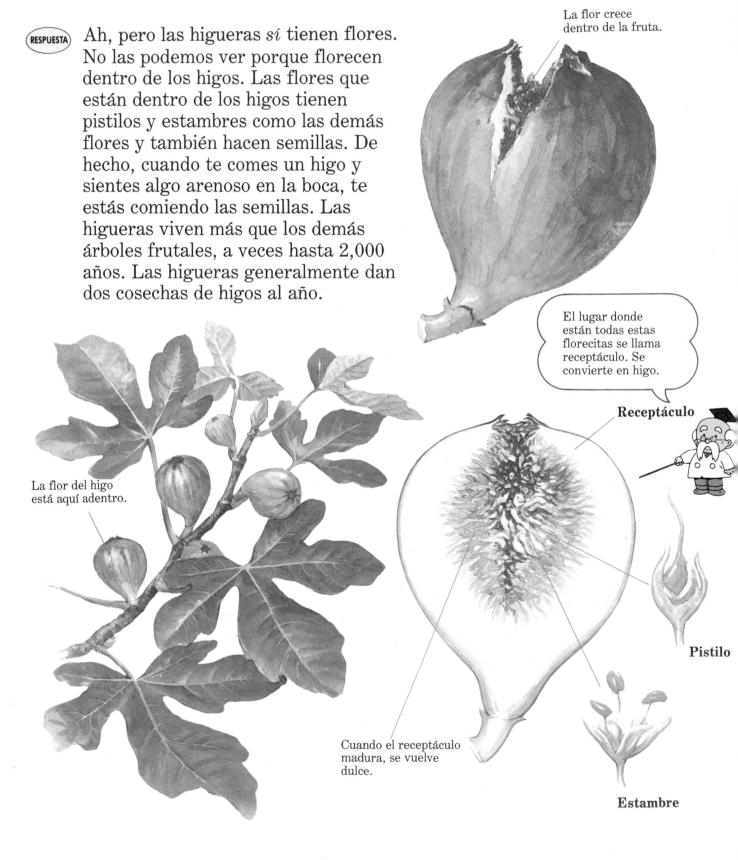

La flor crece dentro de la fruta.

El lugar donde están todas estas florecitas se llama receptáculo. Se convierte en higo.

**Receptáculo**

La flor del higo está aquí adentro.

Cuando el receptáculo madura, se vuelve dulce.

**Pistilo**

**Estambre**

48

# ¿Cuáles Son Flores?

Aquí vemos lo que parecen ser unas flores muy bonitas. Pero muchas de ellas no son realmente flores. Las flores tienen muchos secretos que hay qué conocer.

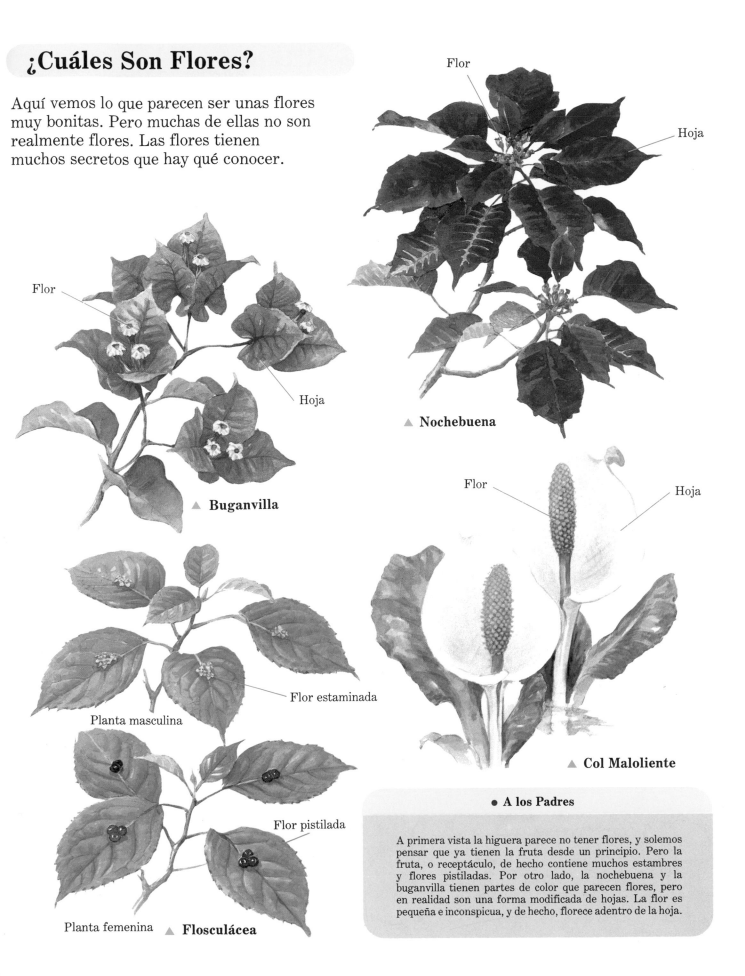

Flor

Hoja

▲ **Nochebuena**

Flor

Hoja

Flor

Hoja

▲ **Buganvilla**

Flor estaminada

Planta masculina

Flor pistilada

Planta femenina ▲ **Flosculácea**

▲ **Col Maloliente**

● **A los Padres**

A primera vista la higuera parece no tener flores, y solemos pensar que ya tienen la fruta desde un principio. Pero la fruta, o receptáculo, de hecho contiene muchos estambres y flores pistiladas. Por otro lado, la nochebuena y la buganvilla tienen partes de color que parecen flores, pero en realidad son una forma modificada de hojas. La flor es pequeña e inconspicua, y de hecho, florece adentro de la hoja.

# ? ¿Cómo Crece la Yerba Silvestre Aunque no se Abone?

RESPUESTA Los campos y colinas en estado natural están cubiertos de flores y plantas secas. Cuando se pudren, el alimento dentro de ellas se va a la tierra y la fertiliza. La yerba usa este alimento para crecer. En las tierras de cultivo, las cosechas se cortan. Ese alimento no regresa a la tierra, por lo que los campesinos tienen que añadirle fertilizantes.

▲ Las colas de caballo retoñan entre yerbas secas.

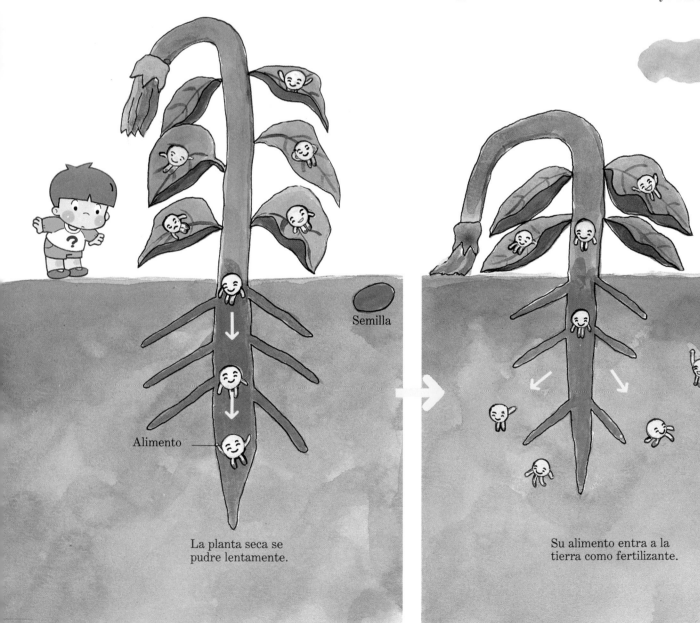

Semilla

Alimento

La planta seca se pudre lentamente.

Su alimento entra a la tierra como fertilizante.

Las cenizas de la yerba quemada fertilizan.

● A los Padres

Las plantas satisfacen parte de sus necesidades alimentarias por medio de la fotosíntesis. El resto lo obtienen de la tierra por las raíces. Los nutrimentos vitales son: nitrógeno, fósforo y potasio, que son los tres elementos principales de los fertilizantes. En el campo, la yerba marchita, las hojas caídas y los cuerpos de animales se descomponen y producen un fertilizante natural. Los gusanos y las heces de garrapata constituyen otro.

Las hojas mordisqueadas por insectos también se vuelven fertilizantes.

La planta que retoña toma su alimento de las plantas podridas.

Y crece cada vez más grande.

# ?  ¿Por qué Cavamos la Tierra Antes de Plantar las Semillas?

**RESPUESTA** Cavamos la tierra antes de plantar porque así es más fácil que las semillas germinen. Esto hace que el aire se mezcle con la tierra y permite que la lluvia penetre mejor. Al cavar la tierra, los insectos se van o se mueren y quitamos la maleza. También al cavar quitamos las piedras. Todo esto ayuda a las semillas a crecer.

■ **Si cavamos la tierra. . .**

Aire

Aire

Como cavamos muy bien, las plantas están sanas.

△ Si la tierra ha sido cavada con cuidado, las raíces crecen pronto hacia abajo y hacia los lados.

● **A los Padres**

Para germinar, las semillas necesitan humedad, aire y una temperatura adecuada. Sin agua, las semillas secas no germinan, ni aun después de muchos años. Las semillas empiezan a respirar cuando germinan y deben tener aire o no pueden sobrevivir. La tierra excavada les proporciona aire y permite la retención de la lluvia. Al exponer la tierra revuelta al sol, muchos insectos y bacterias malignas mueren. Las raíces de la maleza también se cortan durante este proceso. Se secan y quedan enterradas en la tierra para convertirse en fertilizante. Cavar la tierra también la ablanda y eso permite que las raicitas tiernas puedan empujar hacia abajo rápidamente y con mayor facilidad.

# ■ Si no cavamos la tierra...

No se ven tan sanas. ¿que les pasaría?

# ❓ ¿Por qué Arrancamos la Maleza?

**(RESPUESTA)** La maleza es muy fuerte y se lleva el agua y el fertilizante que usamos para que las verduras y otros alimentos crezcan mejor. Si esto sucede, las verduras no crecerán bien. Además, si la maleza crece mucho, las verduras no obtienen toda la luz del sol que necesitan. Al arrancar la maleza nos aseguramos de que las legumbres tengan toda el agua, fertilizante y sol que necesitan para crecer bien.

▲ Si no se toca, la maleza crece muy aprisa.

Si no arrancamos la maleza. . .

Perjudicará a las legumbres.

## ■ La maleza es muy fuerte

Se acaba el agua y el alimento.

Si la pisas no le haces daño.

Si dejas las raíces, vuelve a crecer.

# ¿Cómo Crece la Maleza Si Nadie Planta Sus Semillas?

El viento ayuda a que la maleza crezca en los campos, porque acarrea a muchas de sus semillas de otras partes. Cuando caen, las semillas empiezan a crecer.

El viento lleva las semillas.

Algunas raíces crecen a los lados y retoñan muchas veces.

## ■ Algunos tipos de maleza tienen hermosas flores

▲ Amapolas

▲ Ortigas

▲ Margaritas

● A los Padres

Uno de los pasos importantes de la agricultura es desherbar. Las plantas cultivadas ceden ante la maleza si ésta no se arranca regularmente. A diferencia de las cosechas y las flores cultivadas, las semillas de maleza que trae el viento germinan y crecen en campos agrestes, aun si no tienen tierra. Muchas poseen sistemas complejos de raíces que sobreviven aun cuando las plantas se corten.

# ❓ ¿Los Cactos Tienen Hojas?

**RESPUESTA** Sí. Las espinas filosas de los cactos son sus hojas. El cacto puede crecer en lugares muy secos como los desiertos. Para evitar que pierda el agua, las hojas de los cactos son muy pequeñas. Estas hojas tienen espinas muy filosas, para proteger a la planta de las aves y los animales que, de otra manera, se la comerían.

**Nopal**

**Saguaro**

## ■ Los cactos almacenan agua

En los desiertos hay períodos muy largos en que no llueve. Por eso el cacto tiene raíces que rápidamente pueden sacar hasta la cantidad más pequeña de agua. El agua es almacenada en su tallo. Cuando no llueve durante mucho tiempo, utiliza esta agua poco a poco.

Cuando no llueve, el cacto usa el agua de su tallo, y el tallo se vuelve cada vez más delgado.

▲ **Tallo adelgazado por usar toda el agua**

▼ **Espinas de cacto**

**Acerico**

**Barril dorado**

**Barril**

**Biznaga**

Los cactos tienen muchas raíces, pero no son muy profundas, para poder absorber rápidamente agua de la superficie cuando llueve.

▲ **El tallo de un cacto que ha absorbido mucha agua de lluvia**

57

# ? ¿Por qué Es Hueco el Bambú?

**RESPUESTA** La planta de bambú crece de sus propios brotes. Si cortas un brote a la mitad, verás que las juntas están una muy cerca de otra. A medida que el brote crece, ya no se ensancha, pero aumenta la distancia entre las juntas. Al mismo tiempo que se alarga, las cámaras extensas y huecas forman el interior de la planta.

▲ **Arboleda de bambúes.** Retoños por todas partes.

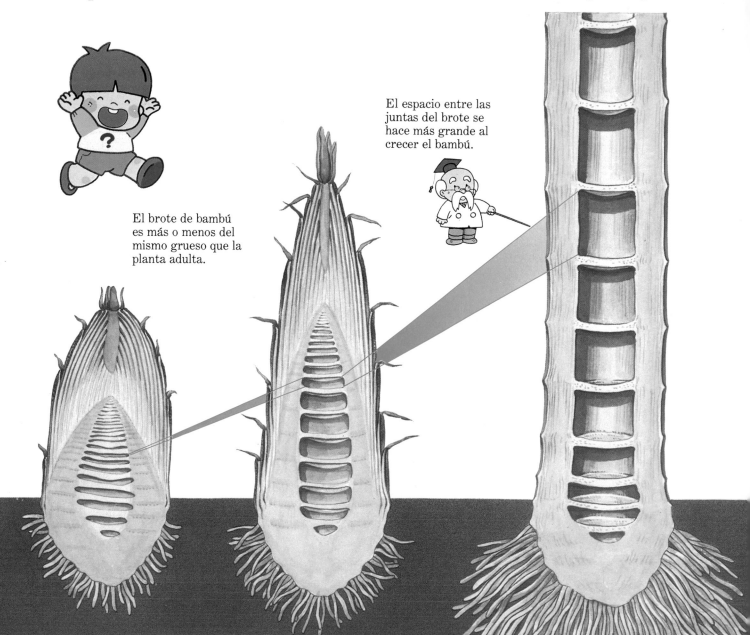

El brote de bambú es más o menos del mismo grueso que la planta adulta.

El espacio entre las juntas del brote se hace más grande al crecer el bambú.

# El Secreto del Bambú

Los brotes de bambú salen de
retoños que se extienden bajo
la tierra. Estos brotes crecen
muy aprisa. A veces crecen de
tu tamaño en un sólo día.
Los bambúes dan flores
también; pero poco
después de que florecen,
la planta se seca.

Los brotes de bambú
crecen de retoños
subterráneos.

▲ Acercamiento de flores de bambú

Un brote que estaba
ayer de este tamaño...

Puede crecer tan alto
como tú en un solo día.

### ● A los Padres

El bambú no es realmente un árbol, sino que pertenece a
la familia de los pastos. Los árboles tienen una capa formativa
llamada cámbium, que les permite ensancharse con el tiempo,
pero los pastos no tienen esta capa. Cuando el bambú crece
hasta cierto grosor, deja de hacerlo hacia los lados y sólo
crece verticalmente. El bambú normalmente se reproduce
mandando nuevos brotes subterráneos, pero también puede
reproducirse por el proceso de floración con semillas.

# ¿Qué Son los Cabellos de Elote?

Flores masculinas

**RESPUESTA** Flores masculinas que sólo tienen estambres, florecen en la punta del tallo del maíz. Las flores femeninas sólo con pistilos, florecen debajo de las vainas. Hay muchas flores femeninas juntas y cada una tiene un pistilo largo y sedoso. Lo llamamos pelo de elote.

Flores femeninas

¿Puedes adivinar quién soy cuando me pongo mi bigote de pelos de elote?

60

**Los pistilos.** Cada uno de estos largos pistilos está unido a un grano de maíz.

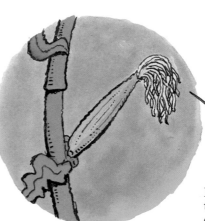

Las flores femeninas tienen largos pistilos que parecen de seda.

El polen de la flor masculina es llevado por el viento y se pega a los pistilos.

Los elotes comienzan a formarse. Los granos del maíz son semillas que se forman bajo los pistilos.

**● A los Padres**

Hay muchas flores masculinas en la espiguilla que crece en la punta del tallo del maíz. La fertilización ocurre cuando el polen, llevado por el viento, se deposita en la punta de los pistilos sedosos de las flores femeninas, en la base de las hojas. Si no cae en la punta, los granos no se desarrollan. A esto se debe que vemos espacios entre los granos maduros.

# ¿Por qué Tiene Agujeros la Raíz del Loto?

**RESPUESTA** Hay muy poco aire en el lodo del fondo de lagos y estanques. Las plantas, como la raíz del loto y la lila acuática, necesitan aire para vivir; pero no pueden obtenerlo del lodo, así que sus raíces deben respirar de otra manera. El aire entra a través de las hojas que flotan sobre el agua y viaja por los hoyos del tallo, hasta los agujeros de la raíz.

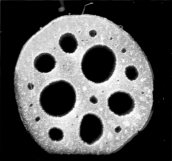

▲ Raíz de loto    ▲ Tallo de la hoja

Los mangles crecen en las costas tropicales, donde las planicies lodosas que los sostienen con frecuencia son arrastradas por la corriente. Sus raíces crecen por encima del agua para que puedan respirar.

● A los Padres

Aunque nos referimos a la raíz del loto, no es realmente una raíz, sino parte de su tallo o pecíolo. Por adaptar parte del tallo para almacenar alimento, se parece a la papa. Como hay muy poco aire en el lodo que está bajo el agua, las plantas con raíces en el agua obtienen aire por distintos métodos.

# ? ¿Qué Es una Cola de Caballo?

**RESPUESTA** Es una planta con una especie de doble vida. Durante el invierno, se ve como las plantas de la foto a la derecha. Pero en primavera, otro tipo de planta brota de la misma raíz y crece como las plantas verdes que se muestran abajo. Cuando una de estas plantas se muere, la otra sale y la reemplaza.

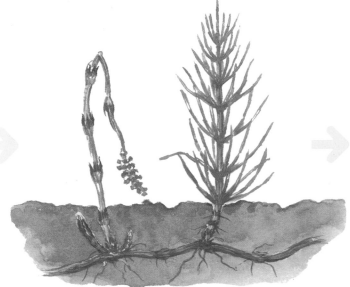

Me recuerda a un pincel.

En primavera crece una planta distinta.

La cola de caballo de invierno se marchita y se seca.

64

▲ Cuando se derrite la nieve, el suelo se cubre de colas de caballo de invierno. Crecen en lugares húmedos y pantanosos en todo el mundo.

▲ **Primavera.** Las colas de caballo del invierno producen nuevas plantas.

### ● A los Padres

La cola de caballo se reproduce de dos maneras: por medio de esporas y por sus retoños subterráneos. Las esporas, que son tan finas como el polvo, se liberan cuando la punta de la cola de caballo se abre. En su medio húmedo, las esporas forman una substancia como musgo, y una vez que ocurre la fertilización, la verde cola de caballo de primavera crece rápidamente. Esta planta se encuentra en lugares húmedos en todas partes del mundo. En una época fue usada por las amas de casa para limpiar y pulir las ollas y cacerolas. Por lo que también algunas veces se le conoce como cepillo para tallar.

# ¿La Col Tiene Flores?

**RESPUESTA** Sí. Pero generalmente las coles se cortan antes de que salgan las flores. Al principio, las hojas de la col están extendidas. A medida que crecen, se enroscan y forman una cabeza redonda. Si no se cortan, las hojas se vuelven a abrir y salen las flores.

El tallo crece de aquí.

▲ La col tiene flores amarillas muy bonitas.

▲ Una col tierna cortada a la mitad.

Las hojas de la col están extendidas al principio.

Las hojas se enroscan para formar la cabeza que conocemos.

● **A los Padres**

La col pertenece a la misma familia que la coliflor y el brócoli. Cuando esta planta es tierna, las hojas se abren; pero, a medida que crecen, se enroscan hacia adentro  forman una cabeza. La col que comemos se cosecha cuando la cabeza se vuelve sólida. Si se deja crecer, le sale un tallo en el centro y las hojas se vuelven a abrir. Casi siempre la col  florece  en  el  momento  en  que  empieza  la  primavera.

**Las hojas se abren de nuevo
y el tallo empieza a crecer.**

**Una col totalmente crecida
con flores muy bonitas.**

# ❓ ¿Cómo Crecen los Hongos?

**RESPUESTA** Los hongos crecen de semillas muy pequeñas llamadas esporas. Las esporas están en la parte de abajo de la cabeza del hongo. Tan pequeñas como el polvo, estas esporas flotan y caen en las hojas o árboles secos y de allí sacan su comida. Pronto salen los hongos.

La semilla de mi árbol es más grande.

La amanita crece entre las agujas del pino y las hojas secas del abedul.

Los hongos pálidos crecen de los conos del pino.

El cuerno fétido común crece en las hojas secas.

El morel común crece en bosques y praderas.

En algunos lugares, los hongos
crecen del cuerpo de las cigarras.

Los hongos pinos se
alimentan de las
raíces de los pinos.

A este hongo de
árbol le gustan
los árboles secos.

Este hongo
crece en los tocones
de los árboles.

● A los Padres

Los hongos se propagan por medio de esporas que
salen de la parte de abajo de la cabeza del hongo.
Estas flotan en el viento o son llevadas por insectos
hasta que caen sobre árboles u hojas secas. Las esporas
germinan para formar una red subterránea de diminutos
filamentos como hebras, que se conoce como micelio.
El hongo se desarrolla a partir de esta red fungal.

# ¿Cómo Come Insectos el Atrapamoscas de Venus?

**RESPUESTA** Cuando el atrapamoscas de Venus atrapa a una mosca, transforma la carne de la mosca en un jugo espeso que le sirve de alimento. Cuando se termina el jugo, la planta vuelve a abrir sus hojas. Las partes del cuerpo de la mosca que no fueron usadas, son llevadas por el viento y sólo queda la sombra de la mosca.

Cuando una mosca camina por la hoja, ésta se cierra de golpe.

▲ **La mosca está atrapada.** Las orillas de la hoja forman barrotes como una jaula, y la mosca no puede escapar.

Las partes de la mosca que no fueron comidas, serán llevadas por el viento.

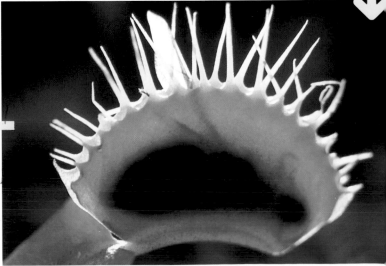

▲ La sombra de la mosca queda cuando la hoja vuelve a abrirse.

# ■ Otras plantas que atrapan insectos

**La pinguícula.** Vive de los insectos que caen dentro de sus hojas en forma de jarrón.

**La Sarasenia.** Sus hojas tienen forma de bolsas. Los insectos que caen ya no pueden escapar.

**El rocío del sol.** Posee un jugo pegajoso alrededor de sus flores y los insectos quedan atrapados allí.

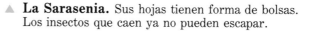

Estoy pegado...

### ● A los Padres

Las plantas que atrapan insectos y viven de sus nutrientes se llaman plantas insectívoras. El atrapamoscas de Venus sólo existe en una pequeña zona de la costa Este de Norteamérica. Cuando atrapa a una mosca o a otro insecto, la planta secreta un líquido digestivo, que disuelve la proteína del cuerpo del insecto y se forma un líquido que puede absorber. Todo el proceso dura aproximadamente una semana. Las plantas insectívoras no dependen totalmente de los insectos para sobrevivir, pero las que logran atraparlos, crecen más grandes y más fuertes que las demás.

# ¿Por qué Casi No Hay Plantas a la Orilla del Mar?

**RESPUESTA** La orilla del mar está cubierta de arena y ésta no puede retener agua. Cuando sopla el viento, las plantas se cubren de arena. Cuando sube la marea y llegan las olas, las plantas son arrastradas por el mar. Además, el aire salado mata a la mayoría de las plantas. Aun así, hay algunas plantas que crecen en la orilla del mar.

¡Agua, dénme agua!

¡La arena es tan pesada!

¡Socorro!
¡Me ahogo!

¡Uf! está muy salada.

Correhuela

Campánulas marinas

# Plantas a la Orilla del Mar

Las plantas que crecen a la orilla del mar pueden soportar el agua salada y no se mueren, aunque estén enterradas en la arena. Después de estar enterradas un tiempo, sus retoños salen a través de la arena y florecen. Estas plantas frecuentemente tienen raíces largas que se alejan mucho del mar, hasta donde pueden alcanzar agua fresca.

Las plantas están unidas bajo la arena.

Aunque estén tapadas, les salen retoños por entre la arena.

Por esta raíz tan larga, viven a la orilla del mar.

Las raíces largas permiten que llegue al agua fresca.

Su raíz no sólo es larga, sino gruesa.

### ● A los Padres

La orilla del mar es un lugar inhóspito para la mayoría de las plantas. El sol tan fuerte y los continuos vientos cargados de sal, evitan que las plantas comunes crezcan allí. Entre las plantas más comunes que crecen a la orilla del mar, están las de la familia de los convólvulos que mostramos en la página anterior. Los manglares crecen en las costas tropicales y viven inundados por el agua. Estos fuertes especímenes se encuentran por todas partes del mundo.

▲ **Manglares.** Pueden crecer aun en agua salada.

# ? ¿Cómo Flotan Algunas Plantas en el Agua?

**RESPUESTA** Las plantas que viven encima del agua tienen flotadores para no hundirse. También tienen raíces que funcionan como pesas, para que no se vuelquen cuando sopla el viento.

Jacinto de agua

Lenteja de agua

## ■ Partes de un flotador

El jacinto de agua y la lenteja de
agua tienen muchos espacios huecos
en toda su superficie. Los espacios
están llenos de aire y esto
hace que la planta sea más
ligera que el agua. Por eso
flota sobre el agua.

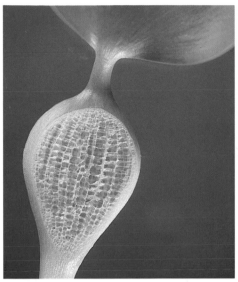

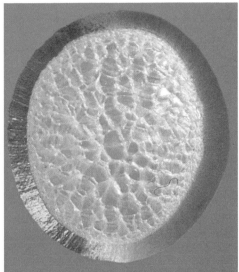

▲ Vista lateral del flotador
del jacinto de agua.

▲ Aquí vemos desde arriba los
muchos huecos del flotador.

## ■ Raíces para el equilibrio

Las raíces del jacinto de agua y
de la lenteja de agua, cuelgan en
el agua y funcionan como pesas
para que las plantas no se vuelquen.
Las raíces de estas plantas acuáticas
también absorben alimento del agua.

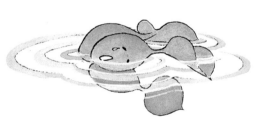

▲ Voluminosas raíces del jacinto de agua. ▲ Largas raíces de la lenteja de agua.

## ■ La lenteja de agua crece muy aprisa

▲ Si no se saca, pronto cubre todo un arrozal.

# ¿Por qué las Macetas Tienen un Agujero en el Fondo?

**RESPUESTA** El agujero hace que se salga el agua que sobra. Si se quedara mucha agua en la maceta, las raíces se ahogarían y la planta moriría. Para las plantas es mejor un poco de agua con frecuencia, que mucha agua al mismo tiempo.

¡Socorro!
¡Me ahogo!

● **A los Padres**

Si una maceta no drena bien, el agua que allí se junte puede hacer que las raíces y la planta se deterioren. Tampoco el aire puede circular si no tiene una entrada y una salida. Si no hay un agujero en la maceta, la circulación del aire es deficiente y no entra bastante aire a la tierra. Las raíces, que necesitan aire para respirar, se sofocan si no tienen el aire suficiente. Así que el agujero del fondo es indispensable para las macetas. Además, las macetas deben de ser porosas lo cual contribuye al proceso de "respiración".

**RESPUESTA 2** Las macetas también tienen un agujero en el fondo para que el aire pueda pasar libremente. Sin este agujero, no habría suficiente are aire en la tierra para que las raíces se mantuvieran sanas. Cuando las plantas tienen mucho aire y la cantidad adecuada de agua, crecen muy bien.

Necesito aire.

Aire

## INTENTALO

Si recuerdas estas indicaciones al llenar una maceta con tierra, el aire y el agua pasarán fácilmente a través de la tierra.

Coloca una piedrita o un pedazo de maceta sobre el agujero.

Llena el fondo con grava o tierra dura.

Cierne la tierra y luego llena la maceta.

# ¿Qué Vemos Aquí?

## ■ Una hoja de balsa floral

En primavera, una florecita verde crece en el centro de esta rara planta.

## ■ Espinas en un pepino

Hay espinas pequeñas en algunos tipos de pepinos.

¡Parece que pueden lastimar!

## ■ Flor del plátano

Todos estos plátanos provienen de una sola flor.

No creo que pueda comerlos todos.

## ■ Semillas de arce

Vuelan por los aires como hélices de helicópteros.

## ■ Flores de pino

Estas flores femeninas se convertirán en conos.

## ■ Semillas de loto

Cada vaina de esta planta tiene unas 20 semillas adentro. Así, una planta de loto puede crear a muchas plantas más.

### ● A los Padres

La balsa floral es un arbusto de montaña. En primavera, en medio de sus hojas salen unas florecitas de color verde pálido. Tiene flores masculinas y femeninas y las semillas se forman en las últimas. El plátano tiene flores femeninas cerca del tallo, masculinas en la punta y bisexuales o andróginas en medio. Las semillas del loto siempre están dentro de una vaina.

#  ¡Y Qué Son Estos?

## ■ Una maravilla

Las hojas y tallos peludos
de la maravilla.

## ■ Un protector de paja para insectos

Los insectos que están en los árboles acuden a este
refugio de paja para pasar el invierno. En la
primavera se quema la paja y se mueren los insectos.

## ■ Soportes de nieve en los pinos

Estas cuerdas se amarran a las ramas del árbol
para que no se rompan con el peso de la nieve.

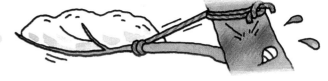

---

### ● A los Padres

En países fríos, frecuentemente se amarra paja alrededor
de los troncos de los árboles en invierno. Las plagas de
insectos ponen sus huevos en la paja, pero ésta se quita
y se quema en primavera antes de que salgan las larvas
de los huevos. Los soportes de nieve se usan para evitar
que se rompan las ramas donde se acumula mucha nieve.

# Album del Crecimiento

# Cosas que Yo Hice

En el jardín de niños y en la primaria, los niños hacen muchas cosas usando plantas, flores y hojas secas. Esta página es para conservar sus creaciones. Este tipo de actividades permite que el niño se familiarice con la forma y las características de distintas plantas, experimentando por sí mismo. Puede tomar fotos de los collages y de otras cosas que haya hecho con plantas, y pegarlos aquí.

**Coloque aquí una fotografía**

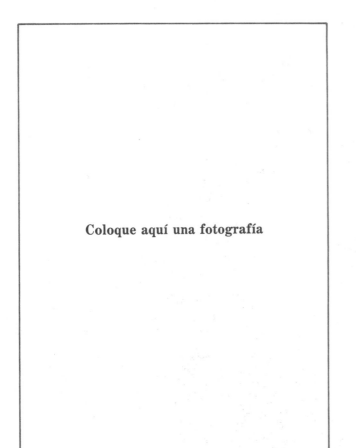

## ▪ Teñido con Flores y Collages

Para teñir con flores, selecciona pétalos de flores de varios colores. Arréglalos en una hoja de dibujo, cúbrelos con otra hoja y pégales con un mazo. Para hacer un collage, pega con goma los pétalos sobre un papel de dibujo y tómale una foto antes de que las flores se marchiten.

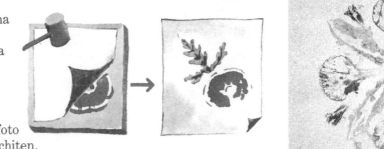

Coloque aquí el trabajo del niño

## ■ Collage de Hojas

Junta hojas secas de varios colores y pégalas en una hoja de papel de dibujo. Luego píntales ojos, brazos, piernas, etc., para formar diseños interesantes.

Coloque aquí el trabajo del niño

# ■ Registro de las preguntas del niño acerca de las plantas

# Adivinanzas de Arboles y Flores

¿Sabes cómo se llaman estas plantas?
Identifica la flor o el árbol de la
adivinanza con el del dibujo.

1. Mis ramas están cubiertas con espinas para
   proteger mis flores aromáticas de mis enemigos.
2. Durante el día vuelvo mi cara hacia el sol,
   mientras se mueve por el cielo.
3. Crezco poniendo mis raíces en otros árboles.
   Me usan como decoración en Navidad.
4. Crezco de bulbos que plantan en otoño.

Tulipanes

Girasol

Rosal

Secoya gigante roja

5. Mis filosas espinas son en realidad hojas. Me ayudan a sobrevivir en el desierto.
6. Cuando una mosca u otro insecto se posa en mi hoja, la atrapo y me la como.
7. Mi sabrosa fruta solía tener semillas, pero ya no. Así soy más fácil de comer.
8. Soy el árbol más alto del mundo.
9. Quizá creas que no tengo flores porque se encuentran dentro de mi fruto.

**Arbol del plátano**

**Atrapamoscas de Venus**

**Cacto**

**Muérdago**

**Higuera**

1. Rosal 2. Girasol 3. Muérdago 4. Tulipán 5. Cacto
6. Atrapamoscas de Venus 7. Plátano 8. Secoya gigante roja 9. Higuera.

# Primera Biblioteca Infantil de Aprendizaje

## Árboles y Flores

Título de la obra en inglés: **Flowers and Trees**

© Direct Holdings Americas Inc.

Edición Original en idioma japonés
© Gakken Co., Ltd.

Time Life es una marca registrada de Time Warner
Inc., o compañía afiliada, usada bajo licencia por
Educational Technologies Limited, la cual no esta
afilidada con Time Inc. o Time Warner Inc.

**Edición original en idioma inglés por:**
International Editorial Services Inc.,
Tokio, Japón

| | |
|---|---|
| *Editor:* | C.E. Berry |
| *Editor Asociado:* | Miki Ishii |
| Diseñador: | Kim Bolitho |
| *Escritor:* | Gerald Laabs |
| *Traductor:* | Ronald K. Jones |
| *Consultores Educacionales:* | Jeanette Bryden |
| | Laurie Hanawa |

**Adaptación al español por:**

*Traducción:*          Magda Benuzillo
*Coordinadora Editorial:*  María Aurora Aguilar

Edición autorizada en idioma español publicada por:
D.R. © *Ediciones Culturales Internacionales, S.A. de C.V.,* 2004
          Lago Mask 393, Col. Granada,
          11520, México, D.F.

ISBN 968-418-093-4 *Versión en español*
ISBN 0-8094-4857-2 *Versión en inglés*
ISBN 968-418-193-0 *Ediciones Culturales Internacionales, S.A. de C.V.*

Impreso en México, 2005.